Poderosa Novena Maria, passa à frente!

Pe. Márlon Múcio

Poderosa Novena
Maria, passa à frente!

"Jesus está vivo e é o Senhor!"

Direção editorial: *Pe. Márlon Múcio*
Editor-adjunto: *Diác. José Rodrigues*
Produtor editorial e gráfico: *Fernando Oliveira de Jesus*
Projeto gráfico e diagramação: *Alvaro Torrecilhas*
Capa: *Alvaro Torrecilhas*
Revisão: *Vera Maria Gouvêa*

Editora Missão Sede Santos
Rua do Café, 58 - Centro
CEP 12010-330 - Taubaté/SP
Tels. [55] (12) 3624-6883 / 3624-6433
e-mail: missao@sedesantos.com.br
site: www.sedesantos.com.br

ISBN: 978-85-64424-00-5
30ª edição - 2025

Todos os direitos reservados. Nenhuma parte desta obra poderá ser reproduzida ou transmitida por qualquer forma e/ou quaisquer meios (eletrônico ou mecânico, incluindo Internet, fotocópia e gravação) ou arquivada em qualquer sistema ou banco de dados sem permissão escrita da Editora. Sujeito a sanções penais.

© EDITORA MISSÃO SEDE SANTOS, Taubaté, São Paulo, Brasil, 2011.

*Para as minhas mães:
Maria Santíssima
e Carminha Corrêa.
Como eu as amo
e a elas sou grato...
E para você que muito ama
Nossa Senhora,
e sabe que, por meio dela,
pode colher tudo de Deus!*

"Minha boa Virgem Santa,
penso que sou mais feliz
do que vós,
pois vos tenho por Mãe...
e vós, vós não tendes
Virgem Santa para amar...".

*(Santa Teresinha
do Menino Jesus
e da Sagrada Face)*

Apresentação 13

Algumas orientações para você bem realizar a Novena 23

Primeiro dia
MARIA, PASSA À FRENTE
da minha vida! 35

Segundo dia
MARIA, PASSA À FRENTE
da minha saúde! 43

Terceiro dia
MARIA, PASSA À FRENTE
do meu trabalho! 53

Quarto dia
MARIA, PASSA À FRENTE
das minhas finanças! 63

Quinto dia
MARIA, PASSA À FRENTE
da minha casa! 73

Sexto dia
MARIA, PASSA À FRENTE
da minha família!..............................81

Sétimo dia
MARIA, PASSA À FRENTE
**dos meus afetos e
relacionamentos!**............................91

Oitavo dia
MARIA, PASSA À FRENTE
da minha fé!...................................99

Nono dia
MARIA, PASSA À FRENTE
dos meus impossíveis!................107

Apresentação

Louvado seja Nosso Senhor Jesus Cristo! Salve Maria!

Já faz bastante tempo que, nas mais diversas situações, eu rezo: *"Maria, passa à frente!"*. Entrando em algum lugar ou estando diante de alguém, de quem quer que seja, minha alma, acostumada, já proclama: *"Maria, passa à frente!"*. Preparando uma pregação, preparando-me para uma missão, eu não tenho dúvida de clamar: *"Maria, passa à frente!"*.

Atendendo aos fiéis em oração, orando pela cura e libertação do meu povo sofrido, confortando os atribulados, aconselhando os desnorteados, dirigindo almas, administrando os Sacramentos, respondendo às mais profundas e inquietantes perguntas do ser humano, eu peço muitas vezes socorro aos Céus: *"Maria, passa à frente!"*.

Entregando o rumo das minhas preces, das contas do meu rosário, das páginas do meu Breviário... crendo no alcance do meu altar, onde celebro diariamente o Santo Sacrifício da Eucaristia, eu suplico fervorosamente, tendo a certeza de que sou atendido: *"Maria, passa à frente!"*.

Quando vou tomar um medicamento ou passar por exames médicos, quando vou viajar, quando estou no trânsito, quando na cadeira do dentista, quando estou entrando em uma repartição pública, no início de uma reunião, diante de decisões, com muitos papéis à minha frente, esperando uma solução ou resposta, a oração é certa: *"Maria, passa à frente!"*.

Desde os meus mais simples e cotidianos afazeres até os mais complexos e exigentes: *"Maria, passa à frente!"*. Em todos os meus trabalhos, assim eu rezo, logo após traçar sobre mim o Sinal-da-Cruz: *"Maria, passa à frente!"*. Muitas vezes, junto da bênção final da Santa Missa, ao traçar sobre o povo de Deus o Sinal-da-Cruz, eu desejo o mesmo sobre os fiéis, e vejo como seus olhinhos brilham e como saem de outra maneira da celebração: cheios de confiança na vitória de Deus, em Maria, sobre todo o mal.

Diante das provas da vida ou quando me sinto fraco e desprotegido, eu não titubeio em gritar: *"Maria, passa à frente!"*. A cada passo, palavra e atitude, tenho feito uma aliança de amor com os Céus, por meio de Maria... Tenho espremido nuvens e visto graças chover! Amados irmãos, eu tenho que testemunhar: verdadeiramente, na minha vida e no meu ministério, Maria tem passado à frente! Maria, Estrela da Evangelização (como o Beato Paulo VI a chamou na *Evangelii Nuntiandi, 82*), é também a estrela do meu ministério.

Quando eu digo "*Maria, passa à frente!*", eu estou orando para que Maria realize, no meu hoje, no meu agora, no lugar onde estou, e na situação que particularmente me toca, o que ela fez há dois mil anos, naquele casamento em Caná da Galileia. Lá, ela passou à frente daquela situação que, sem a sua intervenção, poderia ter sido, no mínimo, vergonhosa, para o jovem casal e para os seus convidados.

"*Maria, passa à frente!*" não é uma palavra mágica. É uma prece! É a prece de um filho necessitado que se confia à Mãe, porque sabe, que, perante Deus, ela pode muito, como bem ensinou São Bernardo de Claraval: "*Maria é a Onipotência Suplicante*".

O nome de Maria, como o de Jesus, é carregado de unção e bênção. Quando pronunciado, o Inferno treme, o Purgatório agradece e o Céu faz festa! Tenho vários testemunhos de gente que foi liberta da ação do Maligno com a simples, fervorosa e insistente pronúncia, por parte dos irmãos de fé daquela pessoa, dos Santíssimos Nomes de Jesus e de Maria.

"*Maria, passa à frente!*" é o pedido que brota do coração do filho que vai atravessar a rua: "Mãe, pega na minha mão e ajuda-me nas travessias desta vida. Passa a Senhora por primeiro, por favor! Eu vou atrás. Sentir-me-ei mais seguro!". O Inimigo não tem chance: Quando Maria põe a mão, o Diabo não coloca a pata!

Quando peço que Maria passe à frente de algo ou de alguém, estou dizendo: "Maria, recebe o comando desta causa", "Maria, recebe as rédeas desta situação", "Maria, toma a dianteira desta questão", "Maria, assenhora-te deste problema". Em outras palavras: "Maria, resolve para mim o que eu não consigo resolver" ou "Maria, ajuda-me a fazer o que eu tenho que fazer", "Maria, enfrenta comigo o que eu tenho que enfrentar".

"*Maria, passa à frente!*" não é uma frase bonita ou qualquer. É o grito do filho que sabe que sua Mãe do Céu está sempre atenta às suas necessidades, mesmo às mais ocultas, e pode até mesmo antecipar a hora de Deus em seu favor, trazendo-lhe uma graça, uma bênção, um benefício.

O clamor "*Maria, passa à frente!*" brota de um impulso do coração aflito e necessitado de socorro. Nossa família está num veículo. Um carro, no sentido contrário, está vindo, desgovernado, em nossa direção... diante da iminência de um acidente, o grito brota do fundo da alma de um dos passageiros: "*Maria, passa à frente!*". A tragédia é evitada e ambas as famílias são beneficiadas.

Nossa alma está submersa em tristezas e angústias... das profundezas, gritamos, reunindo todas as nossas forças: *"Maria, passa à frente!"*. Somos içados do fundo do poço de nossas vicissitudes e dos revezes de nossa vida pelos braços divinos, como que por fortes guindastes.

Esta Novena é uma singela demonstração do quanto amo Maria e de como sempre e muito quero amá-la. **Eu gostaria que cada grão de areia da praia me perguntasse por que amo Maria. Eu responderia, com muita alegria e sem cansaço, a cada grãozinho que me fizesse tão grande favor, não apenas porque a amo, mas também porque todos devem amá-la. E responderia tão alto e de maneira tão convicta, que as gotas d'água mais distantes ficariam logo sabendo e bateriam palmas quais ondas deliciosamente se chocando. E também a amariam... e de paixão!**

A devoção a Maria não ofusca a mediação única do Cristo. Antes, é uma confirmação da mesma e um socorro para nós, Igreja Peregrina e Militante, povo de Deus em caminho para a eternidade:

"*O nosso mediador é só um, segundo a palavra do Apóstolo: 'não há senão um Deus e um mediador entre Deus e os homens, o homem Jesus Cristo, que Se entregou a Si mesmo para redenção de todos' (1Tm 2,5-6). Mas a função maternal de Maria, em relação aos homens, de modo algum ofusca ou diminui esta única mediação de Cristo; manifesta, antes, a sua eficácia. Com efeito, todo o influxo salvador da Virgem Santíssima sobre os homens se deve ao beneplácito divino e não a qualquer necessidade; deriva da abundância dos méritos de Cristo, funda-se na Sua mediação e dela depende inteiramente, haurindo aí toda a sua eficácia; de modo nenhum impede a união imediata dos fiéis com Cristo, antes a favorece*" *(Lumen Gentium, 60)*.

Maria, de fato, passou à frente... E como passou! Na concepção, ela é a toda santa. É imaculada; e nós lutamos contra o pecado... Maria é Virgem antes, durante e depois do parto; e nós pelejamos para que o bom Deus nos encontre numa santidade sem defeito (cf. 1Ts 3,13)... Permanecendo Virgem, é também Mãe de Deus. Premiada pela sua correspondência à graça, Maria já mora no Céu; e nós, ainda estamos na procissão...:

"*Assim como no Céu, onde já está glorificada em corpo e alma, a Mãe de Deus representa e inaugura a Igreja em sua consumação no século futuro, da mesma forma nesta Terra, enquanto aguardamos a vinda do Dia do Senhor, ela brilha como sinal da esperança segura e consolação para o Povo de Deus em peregrinação (Lumen Gentium, 68)*" (*Catecismo da Igreja Católica, 972*).

Maria não passaria à frente, se

Deus não quisesse. Ela o fez e continua fazendo, porque seu lugar é único na história da salvação. Palavras do Papa Emérito Bento XVI na homilia da Santa Missa de canonização de Frei Antônio de Sant'Ana Galvão, o primeiro brasileiro elevado à honra dos altares, no Aeroporto "Campo de Marte", em São Paulo, a 11 de maio de 2007:

"Maria, a Mãe de Deus e Mãe nossa, se encontra particularmente ligada a nós neste momento. Frei Galvão assumiu com voz profética a verdade da Imaculada Conceição. Ela, a Tota Pulchra, a Virgem Puríssima, que concebeu em seu seio o Redentor dos homens e foi preservada de toda mancha original, quer ser o sigilo definitivo do nosso encontro com Deus, nosso Salvador. Não há fruto da graça na história da salvação que não tenha como instrumento necessário a mediação de Nossa Senhora".

Algumas orientações para você bem realizar a Novena

a) Busque estar em estado de graça

Procure estar em estado de graça, ou seja, com a Confissão Sacramental em dia e participando da Santa Missa, inclusive comungando. Você sabe: da mesma maneira que pecado atrai pecado, graça atrai graça! Se você já estiver com as portas do coração e da alma abertas, estará colaborando com que Maria passe à frente para buscar a resposta aos seus pedidos de oração.

b) Faça a "Oração Maria, passa à frente!"

Você pode fazer a Novena, valendo-se somente da Oração *Maria, passa à frente!* Pode rezá-la por nove dias consecutivos em favor de uma causa, de uma graça que se espera alcançar. Pode, ainda, acrescentar uma

Ave-Maria, um Pai-Nosso e um Glória-ao-Pai, por exemplo.

Mas você pode, também, além da oração *Maria, passa à frente!* por nove dias consecutivos, seguir um roteiro de oração mais elaborado, como este que, neste livro, é apresentado como sendo a PODEROSA NOVENA MARIA, PASSA À FRENTE! Este roteiro é composto de seis passos para cada dia.

Você pode fazer a Novena a sós, em família, com os vizinhos e colegas de trabalho, na sua comunidade de fé, com seu grupo de oração... Acredite: esta Novena foi composta com muita fé, carinho e seriedade. E é fruto da oração e da experiência em Deus, por Maria, de muita gente! Esta é, o que se pode dizer, uma "novena testada e aprovada".

c) Realize o roteiro para cada dia da Novena, com os mais vivos sentimentos de fé, de esperança e de caridade:

• **a frase de um santo sobre Nossa Senhora**

Ao som dos lábios dos santos, adentramos cada dia da Novena. Quem são os santos? Os amigos de Deus e vencedores do mundo! Mas, veja: todo santo nasceu no pecado. Depois, à custa de muita luta e da ação da graça divina, foi se santificando. Com Maria é diferente: Maria, já nasceu santa. Por isto, nós a chamamos de "Maria Santíssima", "Virgem Santíssima"... Ouçamos, então, o que os santos de Deus falam da Mãe de Deus e nossa. Não há santo algum que tenha ficado santo, sem antes muito ter amado e imitado Maria, que é espelho da Igreja.

• **a oração ao Espírito Santo**

Logo após, vem a súplica ao Espírito Santo, o Místico Esposo de Nossa Senhora, pois, como ensinou São Luiz Maria Grignion de Montfort, "*o Espírito Santo tem endereço certo nos corações devotos de Maria*". A oração que aqui usamos, para pedir o Dom do Alto, é do Movimento Sacerdotal Mariano.

• **a Palavra de Deus**

Após a invocação do Espírito Santo, a Palavra de Deus é entronizada em nosso coração, pois que Maria é a Mulher da Palavra. Ela é a Virgem que soube ouvir a Palavra de Deus como ninguém, respondê-la e vivê-la como ninguém. Diz Santo Agostinho: "*Antes de se fazer no ventre puríssimo de Maria, a Palavra de Deus já estava no seu coração*".

- **a Catequese Mariana**

Somos também saciados, ao longo de cada dia de Novena, com uma breve catequese mariana, a partir do Catecismo da Igreja Católica e de outros documentos da Igreja. Na verdade, toda a Novena acaba fazendo, de certo modo, uma catequese sobre Maria, o que é muito bom, pois que a fé e a razão são as duas asas que nos levam a Deus, como ensinou o Papa João Paulo II *(cf. Encíclica Fides et Ratio)*. Passarinho com uma asa só, não voa...

Nossa fé é uma fé inteligente, madura, não tem nada de supersticiosa. Quando se diz que esta Novena é "Poderosa", é porque, diante de Deus, Maria tem muita força, mais do que todos nós! Nossa fé é a fé da Igreja e a Comunidade Missão Sede Santos dedicou o seu *"púlpito à ortodoxia da fé católica. Dele ecoam as palavras do Sumo Pontífice e do nosso Bispo*

Diocesano" (Estatuto da MSS). Nosso lema: *"Sentindo com Cristo e a Igreja"*.

Nós cremos o que a Igreja crê. Inclusive sobre Maria: *"O que a fé católica crê acerca de Maria funda-se no que ela crê acerca de Cristo, mas o que a fé ensina sobre Maria ilumina, por sua vez, sua fé em Cristo"* (Catecismo da Igreja Católica, 487).

• **Iluminando a Vida e a Ladainha**

A partir da Palavra de Deus e do Catecismo da Igreja Católica, buscamos luzes para o nosso dia a dia, a fim de termos uma vida transformada. Enfim, terminamos cada dia com uma ladainha própria e com a oração *"Maria, passa à frente!"*.

Você vai perceber, ao rezar a ladainha de cada dia, que outras súplicas poderão surgir da sua alma. Com o tempo, você poderá compor até mesmo a sua própria ladainha...

- **Oração Maria, passa à frente!**

Desde quando a oração "*Maria, passa à frente!*" caiu em minhas mãos, e fui agraciado por esta devoção, tornei-me um ardoroso divulgador dela. Agora, em torno de minha experiência pessoal e comunitária, bem como da minha prática pastoral, a partir daquela oração, nasce esta PODEROSA NOVENA MARIA, PASSA À FRENTE!

d) Pratique as Obras de Misericórdia

Seria também muito bom, verdadeiramente edificante, que a novena produzisse frutos de uma autêntica conversão na vida daqueles que a rezassem, mas também que viesse acompanhada de um gesto concreto, como, por exemplo, as Obras de Misericórdia Corporais e Espirituais, pois que ninguém se converte para Deus se não se converte também para o irmão.

Obras de Misericórdia Corporais
(cf. Mt 25,31-46; Tb 4,12 e
Catecismo da Igreja Católica, 2447-2449)

"Todas as vezes que fizestes isto a um destes meus irmãos mais pequeninos, foi a mim mesmo que o fizestes":

1. Dar de comer a quem tem fome.

2. Dar de beber a quem tem sede.

3. Vestir os nus.

4. Dar pousada para os peregrinos.

5. Visitar os enfermos.

6. Libertar os prisioneiros.

7. Enterrar os mortos.

Obras de Misericórdia Espirituais
(cf. Catecismo da Igreja Católica, 2447):

1. Dar bom conselho
(cf. Pr 11,14;15,22).

2. Ensinar os ignorantes
(cf. Hb 5,2).

3. Consolar os aflitos
(cf. Pr 25,20; 31,20).

4. Corrigir os que erram
(cf. Pv 28,32; 1Ts 5,14).

5. Perdoar as injúrias
(cf. Mt 6,15).

6. Sofrer com paciência as fraquezas do próximo (cf. Rm 15,1).

7. Rogar a Deus pelos vivos e defuntos (cf. 2Mac 12,43-46).

Enfim, quero dizer que rezar a PODEROSA NOVENA MARIA, PASSA À FRENTE! é pedir que a Virgem Maria abra caminhos, mas é também querer percorrer estes caminhos, que foram abertos pela intercessão materna de Maria.

Maria é a Mãe que ensina o caminho para nós, seus filhos. É aquela que "mostra o Caminho": *"A partir do consentimento dado na fé, por ocasião da Anunciação e mantido sem hesitação sob a Cruz, a maternidade de Maria se estende aos irmãos e às irmãs de seu Filho 'que ainda são peregrinos e expostos aos perigos e às misérias' (Lumen Gentium, 62). Jesus, o único Mediador, é o Caminho de nossa oração; Maria, sua Mãe e nossa Mãe, é pura transparência d'Ele. Maria 'mostra o Caminho' ('Hodoghitria'), é seu 'sinal', conforme a iconografia tradicional no Oriente e no Ocidente"* (Catecismo da Igreja Católica, 2674).

Fiz um pedido a Nossa Senhora, nas Santas Missas que celebrei ao longo da elaboração deste livro: que cada pessoa, ao viver com fé e piedade esta

Novena, tivesse um encontro pessoal e decisivo com Jesus, e se tornasse, por meio de Maria Santíssima, um discípulo missionário d'Ele, alistando-se no Exército de Maria, para o triunfo do Coração Imaculado de Maria e o Reinado Eucarístico de Jesus sobre a face da Terra.

Com minha bênção sacerdotal e fraterna, e a promessa de minhas preces, para que Maria continue passando à frente!

Pe. Márlon Múcio
Fundador da Comunidade
Missão Sede Santos
Taubaté/SP

PRIMEIRO DIA
Maria, passa à frente da minha vida!

"*Deus reuniu todas as águas e as chamou de 'mar'. Reuniu todas as graças e as chamou de 'Maria'!*"
(São Luiz Maria Grignion de Montfort).

1. Oração ao Espírito Santo

Vinde, Espírito Santo! Vinde, por meio da poderosa intercessão do Imaculado Coração de Maria, vossa amadíssima Esposa e nossa Mãe. Amém.

2. Palavra de Deus (Lc 1,26-38)

"No sexto mês, o Anjo Gabriel foi enviado por Deus a uma cidade da Galileia, chamada Nazaré, a uma virgem desposada com um homem que se chamava José, da casa de Davi, e o nome da virgem era Maria. Entrando, o Anjo disse-lhe: 'Ave, cheia de graça, o Senhor é contigo'. Perturbou-se ela com estas palavras e pôs-se a pensar no que significaria semelhante saudação. O Anjo disse-lhe: 'Não temas, Maria, pois encontraste graça diante de Deus. Eis que conceberás e darás à luz um Filho, e lhe porás o nome de Jesus. Ele será grande e chamar-se-á Filho do Altíssimo, e o Senhor Deus lhe dará o trono de seu pai Davi; e reinará eternamente na casa de Jacó, e o seu reino não terá fim'. Maria perguntou ao Anjo: 'Como se fará isso, pois não conheço homem?'. Respondeu-lhe o Anjo: 'O Espírito Santo descerá sobre ti, e a força do Altíssimo te envolverá com a sua sombra. Por isso, o ente santo que nascer de ti será chamado Filho de Deus. Também Isabel, tua parenta, até ela concebeu um filho na sua velhice; e já está no sexto mês, aquela que é tida por estéril, porque a Deus nenhuma coisa é impossível'. Então disse Maria: 'Eis aqui a serva do Senhor. Faça-se em mim segundo a tua Palavra'. E o Anjo afastou-se dela".

3. Catequese Mariana

Porque os cristãos elevam seus olhos a Maria

"*'Enquanto, na Beatíssima Virgem, a Igreja já atingiu a perfeição, pela qual existe sem mácula e sem ruga, os cristãos ainda se esforçam por crescer em santidade, vencendo o pecado. Por isso, elevam seus olhos a Maria' (Lumen Gentium, 65): nela, a Igreja é, já, a toda santa*" (Catecismo da Igreja Católica, 829).

4. Iluminando a Vida

"Sou completamente teu, ó Maria!"

Maria disse: "Eis aqui a 'escrava' do Senhor". No original grego (dessa passagem do Evangelho), Maria não disse "serva", mas, sim, "escrava". Isto quer dizer que Maria é "toda de Deus" ("escrava" é pertença de alguém... tem dono!). São João Paulo II gostava de rezar à Virgem Maria: "Totus tuus ego sum": "Sou completamente teu, ó Maria!". Só é feliz, pleno, quem é livre. E só é livre quem é inteiramente de Deus, quem busca uma vida de santidade. Ser de Maria é a maneira mais segura de ser inteiramente de Deus. Você quer ser agraciado? Precisa de alguma graça? Maria é a tesoureira dos tesouros celestes e a despenseira de todas as graças.

5. Ladainha "Maria, passa à frente da minha vida!"

Da minha vida, **Maria, passa à frente!**

Dos meus anseios e receios, **Maria, passa à frente!**

Das minhas intenções e necessidades, **Maria, passa à frente!**

Dos meus desejos e dos meus sentimentos, **Maria, passa à frente!**

Dos meus pensamentos e das minhas vontades, **Maria, passa à frente!**

Da minha imaginação, criatividade e fantasia, **Maria, passa à frente!**

Dos meus projetos, sonhos e aspirações, **Maria, passa à frente!**

Dos meus ideais e objetivos, **Maria, passa à frente!**

Das minhas lembranças e da minha memória, **Maria, passa à frente!**

Da minha liberdade e das minhas posturas, **Maria, passa à frente!**

Das minhas atitudes e das minhas palavras, **Maria, passa à frente!**

Das minhas noites e dos meus dias, **Maria, passa à frente!**

De tudo o que é importante para mim, **Maria, passa à frente!**

Do que sinto, de como estou e do que preciso, **Maria, passa à frente!**

Do que me sobra e do que me falta, **Maria, passa à frente!**

De tudo aquilo eu já fiz, **Maria, passa à frente!**

De tudo que ainda me resta fazer e ser, **Maria, passa à frente!**

Da minha luta contra o pecado, **Maria, passa à frente!**

Da minha vocação à santidade, **Maria, passa à frente!**

Do meu passado, presente e futuro, **Maria, passa à frente!**

6. Oração "Maria, passa à frente!"

Maria, passa à frente e vai abrindo estradas e caminhos. Abrindo portas e portões. Abrindo casas e corações! A Mãe vai à frente, e os filhos protegidos seguem seus passos. Maria, passa à frente e resolve tudo aquilo que somos incapazes de resolver. Mãe, cuida de tudo o que não está ao nosso alcance. Tu tens poder para isso! Mãe, vai acalmando, serenando e tranquilizando os corações. Termina com o ódio, os rancores, as mágoas e as maldições! Tira teus filhos da perdição! Maria, tu és Mãe e também Porteira. Vai abrindo os corações das pessoas e as portas pelo caminho. Maria, eu te peço: passa à frente! Vai conduzindo, ajudando e curando os filhos que necessitam de ti. Ninguém foi decepcionado, depois de ter invocado a tua proteção. Só a Senhora, com o poder de teu Filho, Jesus, pode resolver as coisas difíceis e impossíveis. Amém!

SEGUNDO DIA
Maria passa à frente da minha saúde!

"São Bernardo diz que converteu mais almas por meio da Ave-Maria, do que através de todos os seus sermões" (São João Maria Vianney).

1. Oração ao Espírito Santo

Vinde, Espírito Santo! Vinde, por meio da poderosa intercessão do Imaculado Coração de Maria, vossa amadíssima Esposa e nossa Mãe. Amém.

2. Palavra de Deus (Lc 1,39-56)

"Naqueles dias, Maria se levantou e foi às pressas às montanhas, a uma cidade de Judá. Entrou em casa de Zacarias e saudou Isabel. Ora, apenas

Isabel ouviu a saudação de Maria, a criança estremeceu no seu seio; e Isabel ficou cheia do Espírito Santo. E exclamou em alta voz: 'Bendita és tu entre as mulheres, e bendito é o Fruto do teu ventre. Donde me vem esta honra de vir a mim a Mãe de meu Senhor? Pois assim que a voz de tua saudação chegou aos meus ouvidos, a criança estremeceu de alegria no meu seio. Bem-aventurada és tu que creste, pois se hão de cumprir as coisas que da parte do Senhor te foram ditas!'. E Maria disse: 'Minha alma glorifica ao Senhor, meu espírito exulta de alegria em Deus, meu Salvador, porque olhou para sua pobre serva. Por isto, desde agora, me proclamarão bem-aventurada todas as gerações, porque realizou em mim maravilhas aquele que é poderoso e cujo nome é Santo. Sua misericórdia se estende, de geração em geração, sobre os que o temem. Manifestou o poder do seu braço: desconcertou os corações dos soberbos. Derrubou do trono os poderosos e exaltou os humildes. Saciou de bens os indigentes e despediu de mãos vazias os ricos. Acolheu a Israel, seu servo, lembrado da sua misericórdia, conforme prometera a nossos pais, em favor de Abraão e sua posteridade, para sempre'. Maria ficou com Isabel cerca de três meses. Depois, voltou para casa".

3. Catequese Mariana

A missão de Maria não diminui a mediação única de Cristo

"A missão materna de Maria em favor dos homens, de modo algum obscurece nem diminui a mediação única de Cristo; pelo contrário, até ostenta sua potência, pois todo o salutar influxo da bem-aventurada Virgem deriva dos superabundantes méritos de Cristo, estriba-se em sua mediação, dela depende inteiramente e dela aufere

toda a sua força (Lumen Gentium, 60)"
(Catecismo da Igreja Católica, 970).

4. Iluminando a Vida

Do altar de Deus para o altar dos irmãos

Se te pedimos, ó Mãe, para a Senhora se apressar em responder alegre e aderente ao querer de Deus, manifestado por meio dos lábios trêmulos do Arcanjo, frente à santidade da senhora, agora te pedimos: por amor de nós, outrora escravos da antiga Serpente, apressa-te em trazer, a nós e aos nossos, o fruto sagrado do teu "sim", e seremos criaturas novas: saudáveis no corpo e na alma. Maria é a enfermeira responsável do Hospital de Deus!

A Virgem é apressada. E tem razão! Acaba de conceber o Filho único de Deus e vai prestar, à sua prima Isabel, o maior de todos os serviços: levar-lhe Jesus, o Salvador. É o Novo que visita o Antigo Testamento, a jovem que visita a anciã, a virgem que adentra a casa da estéril. Vem, Maria! Faz de nossas cidades uma nova Ain Karim! Sobe e desce nossos morros, como fizeste outrora na região montanhosa da Judeia...

Apressemo-nos, também, irmãos, em viver a Ave-Maria: em levar Deus a cada pessoa, e cada pessoa a Deus. Vivamos, assim, neste duplo e santo movimento: do altar de Deus para o altar dos irmãos e do altar dos irmãos para o altar de Deus.

5. Ladainha "Maria, passa à frente da minha saúde!"

Da minha saúde, **Maria, passa à frente!**

De cada célula deste corpo que é templo do Espírito Santo, **Maria, passa à frente!**

De cada gota de sangue que circula em minhas veias, **Maria, passa à frente!**

De cada batida do meu coração, **Maria, passa à frente!**

Para um bom funcionamento de todo o meu metabolismo, **Maria, passa à frente!**

Para que meus ossos e musculatura ganhem o sopro da vida, **Maria, passa à frente!**

Para que não caia um só fio de cabelo da minha cabeça, sem que seja da vontade de Deus, **Maria, passa à frente!**

Para que nada e nem ninguém me fure, me fira, me quebre, me machuque, **Maria, passa à frente!**

Para que eu seja liberto de todos os males, perigos e maldades, **Maria, passa à frente!**

Quando as aflições baterem à minha porta, **Maria, passa à frente!**

Quando a angústia invadir a minha alma, **Maria, passa à frente!**

Quando as tentações quiserem me derrubar, **Maria, passa à frente!**

Quando o desespero quiser me ganhar, **Maria, passa à frente!**

Quando, apesar dos meus esforços, eu voltar à vida velha, **Maria, passa à frente!**

Quando a secura interior parecer extinguir em mim todo desejo fervoroso,

Maria, passa à frente!

Quando mil pensamentos importunos me distraírem a oração, **Maria, passa à frente!**

Quando me humilharem e entristecerem, **Maria, passa à frente!**

Quando me abandonarem os amigos, **Maria, passa à frente!**

Quando eu for vítima de alguma injustiça, **Maria, passa à frente!**

Quando me devolverem com o mal o bem que eu fiz, **Maria, passa à frente!**

6. Oração "Maria, passa à frente!"

Maria, passa à frente e vai abrindo estradas e caminhos. Abrindo portas e portões. Abrindo casas e corações! A Mãe vai à frente, e os filhos protegidos seguem seus passos. Maria, passa à frente e resolve tudo aquilo que somos incapazes de resolver. Mãe, cuida de tudo o que não está ao nosso alcance. Tu tens poder para isso! Mãe, vai acalmando, serenando e tranquilizando os corações. Termina com o ódio, os rancores, as mágoas e as maldições! Tira teus filhos da perdição! Maria, tu és Mãe e também Porteira. Vai abrindo os corações das pessoas e as portas pelo caminho. Maria, eu te peço: passa à frente! Vai conduzindo, ajudando e curando os filhos que necessitam de ti. Ninguém foi decepcionado, depois de ter invocado a tua proteção. Só a Senhora, com o poder de teu Filho, Jesus, pode resolver as coisas difíceis e impossíveis. Amém!

Oração Maria, passa à frente:

Mãe, a Jesus Ofereces tombando a cabeça e fazendo os cinco pontos, a perfeição, perfeita, às preocupações. Mãe de Alegria e de amor, a mãe dos sacerdotes, sacerdotes, Mãe, passa à frente e sua voz preste a se acalmar, sou ao ser de Jesus, Mãe, cheia de luz, na minha fé, no aço acima do brilho, ao falar, ao salvar, ajuda-me ao pensamento, a ser escutado, a ser criatura, ao teu filho, Mãe, como se tu fosses a teu filho, as linhas das famílias dos meus queridos, tu quisestes que seja à pessoa e porque eu amo, a mãe, as conhecerem bem, a mães, a Jesus, a Deus, meu pai, e agradeço-lhe a Deus pela graça de si, ninguém me abandonará, te peço, tem me de intercessão, a ser bem tratada como poder te ser filho, Jesus, pede Jesus para Jesus Simples e Impossível.

Amém!

TERCEIRO DIA
Maria, passa à frente do meu trabalho!

"*Agradeçamos a Nossa Senhora, pois foi ela quem nos trouxe Jesus (São Pio de Pietrelcina)*.

1. Oração ao Espírito Santo

Vinde, Espírito Santo! Vinde, por meio da poderosa intercessão do Imaculado Coração de Maria, vossa amadíssima Esposa e nossa Mãe. Amém.

2. Palavra de Deus (Lc 2,1-14)

"Naqueles tempos, apareceu um decreto de César Augusto, ordenando o recenseamento de toda a Terra. Este recenseamento foi feito antes do governo de Quirino, na Síria. Todos iam alistar-se, cada um na sua cidade.

Também José subiu da Galileia, da cidade de Nazaré, à Judeia, à Cidade de Davi, chamada Belém, porque era da casa e família de Davi, para se alistar com a sua esposa Maria, que estava grávida. Estando eles ali, completaram-se os dias dela. E deu à luz seu Filho primogênito, e, envolvendo-o em faixas, reclinou-o num presépio; porque não havia lugar para eles na hospedaria. Havia, nos arredores, uns pastores, que vigiavam e guardavam seu rebanho nos campos, durante as vigílias da noite. Um Anjo do Senhor apareceu-lhes e a glória do Senhor refulgiu ao redor deles, e tiveram grande temor. O Anjo disse-lhes: 'Não temais, eis que vos anuncio uma Boa Nova, que será alegria para todo o povo: hoje, vos nasceu na Cidade de Davi um Salvador, que é o Cristo Senhor. Isto vos servirá de sinal: achareis um recém--nascido envolto em faixas e posto numa manjedoura'. E subitamente ao Anjo se juntou uma multidão do exército celeste, que louvava a Deus e dizia: 'Glória a Deus no mais alto dos Céus, e, na Terra, paz aos homens, objetos da benevolência (divina)'".

3. Catequese Mariana

O culto da Santíssima Virgem

"'*Todas as gerações me chamarão bem-aventurada' (Lc 1,48): 'A piedade da Igreja para com a Santíssima Virgem é intrínseca ao culto cristão' (Marialis Cultus, 56). A Santíssima Virgem 'é legitimamente honrada com um culto especial pela Igreja. Com efeito, desde remotíssimos tempos, a bem-aventurada Virgem é venerada sob o título de 'Mãe de Deus', sob cuja proteção os fiéis se refugiam suplicantes em todos os seus perigos e necessidades. Este culto, embora inteiramente singular, difere essencialmente do culto de adoração que se presta ao Verbo encarnado e igual-*

mente ao Pai e ao Espírito Santo, mas o favorece poderosamente' (Lumen Gentium, 66); este culto encontra sua expressão nas festas litúrgicas dedicadas à Mãe de Deus (cf. Sacrossanctum Concilium, 103) e na oração mariana, tal como o Santo Rosário, 'resumo de todo o Evangelho' (Marialis Cultus, 42)" (Catecismo da Igreja Católica, 971).

4. Iluminando a Vida

"Doce Cadeia que nos prende a Deus"

Eu não tenho dúvida: Jesus é o único Caminho que leva ao Pai (cf. Jo 14,6). Mas há uma maneira excelente de andar neste "único Caminho": Maria! Sim, Maria é o jeito por excelência de andar no Caminho que é o Cristo. É preciso andar nas pegadas de Maria... Meus irmãos, tudo com Jesus e nada sem Maria! Maria não é atalho, é certeza de chegada! Na ladainha lauretana, nós a chamamos de "Porta do Céu".

O Beato Bártolo Longo chamava o Rosário de Nossa Senhora de "doce cadeia que nos prende a Deus". Para sermos libertos (e vermos libertos nossos filhos, nossas famílias) das cadeias da droga, do álcool, das más companhias, dos maus caminhos e dos maus costumes, rezemos com fé o Santo Rosário. Prendamo-nos a Deus, por meio de Maria, para nos desprendermos do mundo e de tudo o que é desprezível.

5. Ladainha "Maria, passa à frente do meu trabalho!"

Do meu trabalho, **Maria, passa à frente!**

Do meu ambiente de trabalho, **Maria, passa à frente!**

Dos meus colegas de trabalho, **Maria, passa à frente!**

Daqueles com quem eu trabalho e para quem eu trabalho, **Maria, passa à frente!**

Dos meus dons e talentos, **Maria, passa à frente!**

Da maneira como eu uso o meu salário, **Maria, passa à frente!**

Da minha luta por dias melhores, **Maria, passa à frente!**

Da minha inteligência e da minha vontade, **Maria, passa à frente!**

Dos concursos, testes e

entrevistas que fiz ou farei, **Maria, passa à frente**

Do meu crescimento profissional, **Maria, passa à frente!**

Quando inveja e ciúmes tiverem de mim, **Maria, passa à frente!**

Quando a competição, a vaidade e o orgulho falarem mais forte, **Maria, passa à frente!**

Para que eu seja protegido da falsidade e das trapaças, **Maria, passa à frente!**

Para que eu seja protegido das armadilhas e das arapucas, **Maria, passa à frente!**

Para que eu não viva no ócio, **Maria, passa à frente!**

Do meu descanso e do meu lazer, **Maria, passa à frente!**

Dos que trabalham para Deus, **Maria, passa à frente!**

Dos que "dão trabalho" para Deus, **Maria, passa à frente!**

Para que Deus trabalhe em nós e no mundo, através de nossa fé e vida de oração, **Maria, passa à frente!**

Das minhas necessidades materiais e espirituais, **Maria, passa à frente!**

6. Oração "Maria, passa à frente!"

Maria, passa à frente e vai abrindo estradas e caminhos. Abrindo portas e portões. Abrindo casas e corações! A Mãe vai à frente, e os filhos protegidos seguem seus passos. Maria, passa à frente e resolve tudo aquilo que somos incapazes de resolver. Mãe, cuida de tudo o que não está ao nosso alcance. Tu tens poder para isso! Mãe, vai acalmando, serenando e tranquilizando os corações. Termina com o ódio, os rancores, as mágoas e as maldições! Tira teus filhos da perdição! Maria, tu és Mãe e também Porteira. Vai abrindo os corações das pessoas e as portas pelo caminho. Maria, eu te peço: passa à frente! Vai conduzindo, ajudando e curando os filhos que necessitam de ti. Ninguém foi decepcionado, depois de ter invocado a tua proteção. Só a Senhora, com o poder de teu Filho, Jesus, pode resolver as coisas difíceis e impossíveis. Amém!

QUARTO DIA
Maria, passa à frente das minhas finanças!

"Jamais se ouviu dizer no mundo que alguém tenha recorrido com confiança a esta Mãe Celeste, sem que não tenha sido prontamente atendido" (São João Bosco).

1. Oração ao Espírito Santo

Vinde, Espírito Santo! Vinde, por meio da poderosa intercessão do Imaculado Coração de Maria, vossa amadíssima Esposa e nossa Mãe. Amém.

2. Palavra de Deus (Lc 2,41-52)

"Seus pais iam todos os anos a Jerusalém para a festa da Páscoa. Tendo Ele atingido doze anos, subiram a Jerusalém, segundo o costume da festa. Acabados os dias da festa, quando voltavam, ficou o menino Jesus em Jerusalém, sem que os seus pais o percebessem. Pensando que Ele estivesse com os seus companheiros de comitiva, andaram caminho de um dia e o buscaram entre os parentes e conhecidos. Mas, não o encontrando, voltaram a Jerusalém, à procura d'Ele. Três dias depois, acharam--no no templo, sentado no meio dos doutores, ouvindo-os e interrogando--os. Todos os que o ouviam estavam maravilhados da sabedoria de suas respostas. Quando eles o viram, ficaram admirados. E sua Mãe disse-lhe: 'Meu filho, que nos fizeste?! Eis que teu pai e eu andávamos à tua procura, cheios de aflição'. Respondeu-lhes Ele: 'Por que me procuráveis? Não sabíeis que devo ocupar-me das coisas de meu Pai?'. Eles, porém, não compreenderam o que Ele lhes dissera. Em seguida, desceu com eles a Nazaré e lhes era submisso. Sua Mãe guardava todas estas coisas no seu coração. E Jesus crescia em estatura, em sabedoria e graça, diante de Deus e dos homens".

3. Catequese Mariana

No Céu, Maria continua sua missão

"Esta maternidade de Maria, na economia da graça, perdura ininterruptamente, a partir do consentimento que ela fielmente prestou na anunciação, que, sob a Cruz, resolutamente manteve, até à perpétua consumação de todos os eleitos. Assunta aos Céus, não abandonou este múnus salvífico, mas, por sua múltipla intercessão, continua a alcançar-nos os dons da salvação eterna. Por isso, a bem-aventurada Virgem Maria é invocada na Igreja sob os títulos de advogada, auxiliadora, protetora, medianeira

(Lumen Gentium, 62)" *(Catecismo da Igreja Católica, 969).*

4. Iluminando a Vida

"Não há problema que a reza do Terço não ajude a resolver"

Gostamos de homenagear as pessoas que amamos. Um Rosário bem rezado, meditado, contemplado, vivido... é uma coroa de rosas, um belo e perfumado buquê de duzentas rosas para Nossa Senhora. E você sabe: sempre fica um pouco de perfume nas mãos de quem oferece rosas... O Rosário agrada muito à Mãe e faz um bem tremendo aos seus filhos...

Palavras do Papa João Paulo II: *"O Rosário acompanhou-me nos momentos de alegria e nas provações. A ele confiei tantas preocupações, nele sempre encontrei conforto. O Rosário é minha oração predileta. Maravilhosa na simplicidade e na profundidade"*. E de Irmã Lúcia de Fátima: *"Não há prolema material ou espiritual, pessoal ou familiar, nacional ou internacional que a reza do Terço não possa ajudar a resolver"*.

5. Ladainha "Maria, passa à frente das minhas finanças!"

Das minhas finanças, **Maria, passa à frente!**

Das minhas fontes de suprimento, **Maria, passa à frente!**

Do modo como eu emprego o meu dinheiro, **Maria, passa à frente!**

Das pessoas com quem eu tenho que lidar por conta do meu dinheiro, **Maria, passa à frente!**

Para que eu não coloque o dinheiro no lugar de Deus, **Maria, passa à frente!**

Para que as preocupações exageradas sobre o que comer, o que vestir, onde morar e o que possuir não me desviem o olhar da eternidade, **Maria, passa à frente!**

Para que eu deixe passar o que

passa e abrace o que não passa, **Maria, passa à frente!**

Para que eu acumule tesouros lá no Céu, **Maria, passa à frente!**

Para que eu não desperdice o que Deus, de maneira tão generosa, me dá a todo o instante, **Maria, passa à frente!**

Para que eu saiba viver da Divina Providência e experimente dia a dia os seus milagres, **Maria, passa à frente!**

Para que eu não peque pela corrupção, pela ganância e pela avareza, **Maria, passa à frente!**

Para que eu vença a tentação dos três "pês": poder, prazer e possuir, **Maria, passa à frente!**

Para que eu saiba socorrer os necessitados que Deus coloca no meu caminho, **Maria, passa à frente!**

Para que nunca me falte o necessário para o dia a dia, **Maria, passa**

à frente!

Do dízimo que dou na minha comunidade de fé, **Maria, passa à frente!**

Da minha contribuição às obras de evangelização, **Maria, passa à frente!**

Para que eu me ocupe das coisas de Deus, **Maria, passa à frente!**

Para que eu não fique preso a dívida alguma, **Maria, passa à frente!**

Para que eu consiga honrar meus compromissos, **Maria, passa à frente!**

Para que eu e minha família cresçamos em sabedoria, idade e graça, **Maria, passa à frente!**

6. Oração "Maria, passa à frente!"

Maria, passa à frente e vai abrindo estradas e caminhos. Abrindo portas e portões. Abrindo casas e corações! A Mãe vai à frente, e os filhos protegidos seguem seus passos. Maria, passa à frente e resolve tudo aquilo que somos incapazes de resolver. Mãe, cuida de tudo o que não está ao nosso alcance. Tu tens poder para isso! Mãe, vai acalmando, serenando e tranquilizando os corações. Termina com o ódio, os rancores, as mágoas e as maldições! Tira teus filhos da perdição! Maria, tu és Mãe e também Porteira. Vai abrindo os corações das pessoas e as portas pelo caminho. Maria, eu te peço: passa à frente! Vai conduzindo, ajudando e curando os filhos que necessitam de ti. Ninguém foi decepcionado, depois de ter invocado a tua proteção. Só a Senhora, com o poder de teu Filho, Jesus, pode resolver as coisas difíceis e impossíveis. Amém!

QUINTO DIA
Maria, passa à frente da minha casa!

"Deus depositou a plenitude de todo o bem em Maria, para que nisto conhecêssemos que tudo o que temos de esperança, graça e salvação, dela deriva até nós" (São Boaventura).

1. Oração ao Espírito Santo

Vinde, Espírito Santo! Vinde, por meio da poderosa intercessão do Imaculado Coração de Maria, vossa amadíssima Esposa e nossa Mãe. Amém.

2. Palavra de Deus (Jo 19,25-27)

"Junto à Cruz de Jesus, estavam de pé sua Mãe, a irmã de sua Mãe, Maria, mulher de Cléofas, e Maria Madalena.

Quando Jesus viu sua Mãe e perto dela o discípulo que amava, disse à sua Mãe: 'Mulher, eis aí teu filho'. Depois, disse ao discípulo: 'Eis aí tua Mãe'. E dessa hora em diante, o discípulo a levou para a sua casa".

3. Catequese Mariana

A predestinação de Maria

"*'Deus enviou Seu Filho'(Gl 4,4), mas, para 'formar-lhe um corpo' (cf. Hb 10,5), quis a livre cooperação de uma criatura. Por isso, desde toda a eternidade, Deus escolheu, para ser a Mãe de Seu Filho, uma filha de Israel, uma jovem judia de Nazaré na Galileia, 'uma virgem desposada com um varão chamado José, da casa de Davi, e o nome da virgem era Maria' (Lc 1,26-27)*" *(Catecismo da Igreja Católica, 488).*

4. Iluminando a Vida

Acolhamos a Mãe que vem nos ajudar

Em momentos difíceis da nossa história, o Pai Celeste tem concedido que a Virgem Maria venha nos visitar, a fim de nos recordar as Palavras de Jesus e ajudar a bem vivê-las. Ela não vem ensinar nada de novo... Ela não tem um "outro Evangelho", uma outra "Boa Notícia". Se uma vez já nos trouxe Cristo Jesus – a "Boa Notícia" para toda a humanidade de todos os tempos – agora vem ajudar-nos a vivê-la, como fez nas bodas de Caná da Galileia, dizendo aos serventes: "Façam tudo o que Ele mandar" (Jo 2,5).

As aparições de Nossa Senhora em Fátima, Portugal, no ano de 1917, trazem uma síntese das mensagens marianas. Nossa Senhora nos pediu, a cada um de nós:

a) a conversão;

b) a oração, o sacrifício e a penitência;

c) a oração diária do Terço;

d) a Comunhão reparadora nos cinco primeiros sábados;

e) a consagração ao Seu Imaculado Coração.

5. Ladainha "Maria, passa à frente da minha casa!"

Da minha casa, **Maria, passa à frente!**

De quem entra e de quem sai da minha casa, **Maria, passa à frente!**

De cada cômodo da minha casa, **Maria, passa à frente!**

De cada pessoa que passa em frente à minha casa, **Maria, passa à frente!**

De toda notícia e correspondência que chega à minha casa, **Maria, passa à frente!**

De tudo o que existe em minha casa, **Maria, passa à frente!**

Dos meus animais de estimação, **Maria, passa à frente!**

Dos meus vizinhos, **Maria, passa à frente!**

Para que sejamos protegidos de assaltos, acidentes, incêndios e sequestros, **Maria, passa à frente!**

Para que sejamos poupados das inundações, raios, tempestades, tremores e ventos fortes, **Maria, passa à frente!**

Para que a infelicidade e a infidelidade nunca nos visitem, **Maria, passa à frente!**

Para que as pragas e as maldições não tenham vez, **Maria, passa à frente!**

Para que sejamos guardados da inveja e do ciúme, **Maria, passa à frente!**

Para que sejamos guardados do mau-olhado e dos maus agouros, **Maria, passa à frente!**

Para que sejamos poupados da morte cruel e repentina, **Maria, passa à frente!**

Para que não nos atormentem cenas terríveis, visões espantosas e sonhos pavorosos, **Maria, passa à frente!**

Para que nem cheguem perto de nós as malvadezas humanas, **Maria, passa à frente!**

Para que os anjos maus batam em ordem de retirada de nossa casa, **Maria, passa à frente**!

Para que sejamos libertos das investidas do demônio, **Maria, passa à frente!**

Para que nossa casa seja uma casa de oração, **Maria, passa à frente!**

6. Oração "Maria, passa à frente!"

Maria, passa à frente e vai abrindo estradas e caminhos. Abrindo portas e portões. Abrindo casas e corações! A Mãe vai à frente, e os filhos protegidos seguem seus passos. Maria, passa à frente e resolve tudo aquilo que somos incapazes de resolver. Mãe, cuida de tudo o que não está ao nosso alcance. Tu tens poder para isso! Mãe, vai acalmando, serenando e tranquilizando os corações. Termina com o ódio, os rancores, as mágoas e as maldições! Tira teus filhos da perdição! Maria, tu és Mãe e também Porteira. Vai abrindo os corações das pessoas e as portas pelo caminho. Maria, eu te peço: passa à frente! Vai conduzindo, ajudando e curando os filhos que necessitam de ti. Ninguém foi decepcionado, depois de ter invocado a tua proteção. Só a Senhora, com o poder de teu Filho, Jesus, pode resolver as coisas difíceis e impossíveis. Amém!

SEXTO DIA
Maria, passa à frente da minha família!

"*Como gostam os homens de que lhes recordem o seu parentesco com personagens da literatura, da política, do exército, da Igreja... Canta diante da Virgem Imaculada, recordando--Lhe: 'Ave, Maria, Filha de Deus Pai; Ave, Maria, Mãe de Deus Filho; Ave, Maria, Esposa de Deus Espírito Santo... Mais do que tu, só Deus!*" (São Josemaría Escrivá).

1. Oração ao Espírito Santo

Vinde, Espírito Santo! Vinde, por meio da poderosa intercessão do Imaculado Coração de Maria, vossa amadíssima Esposa e nossa Mãe. Amém.

2. Palavra de Deus (Mt 12,46-50)

"Jesus falava ainda à multidão, quando veio sua Mãe e seus irmãos e esperavam do lado de fora a ocasião de lhe falar. Disse-lhe alguém: 'Tua Mãe e teus irmãos estão aí fora, e querem falar-te'. Jesus respondeu-lhe: 'Quem é minha Mãe e quem são meus irmãos?'. E, apontando com a mão para os seus discípulos, acrescentou: 'Eis aqui minha Mãe e meus irmãos. Todo aquele que faz a vontade de meu Pai que está nos céus, esse é meu irmão, minha irmã e minha Mãe'".

3. Catequese Mariana

A santidade de Maria

"Esta 'santidade resplandecente, absolutamente única' da qual Maria é 'enriquecida desde o primeiro instante de sua conceição' (cf. Lumen Gentium,

56) lhe vem inteiramente de Cristo: 'Em vista dos méritos de seu Filho, foi redimida de um modo mais sublime' (Lumen Gentium, 53). Mais do que qualquer outra pessoa criada, o Pai a 'abençoou com toda a sorte de bênçãos espirituais, nos Céus, em Cristo' (Ef 1,3). Ele a 'escolheu n'Ele (Cristo), desde antes da fundação do mundo, para ser santa e imaculada em sua presença, no amor" (Ef 1,4) (Catecismo da Igreja Católica, 492).

4. Iluminando a Vida

Sejamos da família de Deus!

Há quem se gabe de ter este ou aquele sobrenome, de ser desta ou daquela família. E você? Quer ser da família de Deus? Então você deve viver como Maria, confiar-se filialmente a ela, e ter o mesmo sobrenome dela: "Vontade de Deus".

Imagino alguns irmãos que temem louvar à Mãe, julgando tirar do Filho a adoração que só a Ele é devida... Todo louvor que Maria recebe, Ela o transforma em adoração ao Filho! E, cá entre nós, existe alguém que pode adorá-lO melhor do que Maria? Maria é a primeira e mais perfeita adoradora... Quando no Céu chegarem, lá estará Ela: flor de formosura, simples e paciente, feliz em acolhê-los... E eles, meio sem graça, vão chorar... e, adentrando ao Céu, felizes se alegrar!

Se Maria ensinou a Jesus – o Caminho – a caminhar, vamos nós desprezá-la? Você quer uma família abençoada? Confie-se, bem como aos seus, sempre e muito, à Mãe de Deus, e permita que Ela passe à frente das intenções, necessidades e projetos seus e de sua família.

Se Maria ensinou as primeiras lições a Jesus, a Sabedoria Encarnada do Pai, vamos nós rejeitá-la? Aquela que foi (e é) Serva, hoje é Rainha... aquela que foi (e é) Discípula, hoje é Mestra. Se Maria guardou tudo no coração (cf. Lc 1,19), ninguém melhor do que Ela, em tempos tão conturbados, para nos ajudar a viver retamente os santos mandamentos da Lei de Deus e da Igreja. A devoção a Maria é certeza de Céu.

5. Ladainha "Maria, passa à frente da minha família!".

Da minha família, **Maria, passa à frente!**

Para que a minha família seja de Deus, **Maria, passa à frente!**

A fim de que o amor seja a lei em nossa casa, **Maria, passa à frente!**

Para que nossos Anjos da Guarda se saúdem, a fim de que nossa comunicação seja perfeita, e nossos relacionamentos, agradáveis aos olhos do Pai, **Maria, passa à frente!**

Para que minha família seja um celeiro de santas vocações para o altar e a vida consagrada, o matrimônio e a sociedade, **Maria, passa à frente!**

Para que não nos falte o pão de cada dia e a graça do trabalho, **Maria, passa à frente!**

Para que não haja amargura e egoísmo em nossa casa, **Maria, passa à frente!**

Para que a mentira e a tristeza não nos ganhem, **Maria, passa à frente!**

Para que o ódio, as contendas e as desuniões não falem alto, **Maria, passa à frente!**

Para que não haja lugar em nossas famílias para a frieza, a falta de diálogo e a indiferença, **Maria, passa à frente!**

Para que nossas famílias sejam protegidas do ciúme e da inveja, **Maria, passa à frente!**

Para que sejamos poupados de toda forma de violência e de maldade, **Maria, passa à frente!**

A fim de que sejam estreitados os laços familiares que nos unem, **Maria, passa à frente!**

A fim de que sejam dilatados nossos corações pela força renovadora do perdão, **Maria, passa à frente!**

Para que nossa família seja uma Igreja Doméstica e um Santuário da Vida, **Maria, passa à frente!**

De toda doença, vício, acidente, má tendência, má inclinação e mau costume que têm sido transmitidos, de geração em geração, em minha família, **Maria, passa à frente!**

Para que não morramos antes da graça da conversão e sem antes vermos a salvação dos nossos, **Maria, passa à frente!**

Para que, no momento de nossa partida, encontremos as portas do Céu abertas, **Maria, passa à frente!**

Para que eu e minha casa sirvamos ao Senhor e a mais ninguém, **Maria, passa à frente!**

6. Oração "Maria, passa à frente!"

Maria, passa à frente e vai abrindo estradas e caminhos. Abrindo portas e portões. Abrindo casas e corações! A Mãe vai à frente, e os filhos protegidos seguem seus passos. Maria, passa à frente e resolve tudo aquilo que somos incapazes de resolver. Mãe, cuida de tudo o que não está ao nosso alcance. Tu tens poder para isso! Mãe, vai acalmando, serenando e tranquilizando os corações. Termina com o ódio, os rancores, as mágoas e as maldições! Tira teus filhos da perdição! Maria, tu és Mãe e também Porteira. Vai abrindo os corações das pessoas e as portas pelo caminho. Maria, eu te peço: passa à frente! Vai conduzindo, ajudando e curando os filhos que necessitam de ti. Ninguém foi decepcionado, depois de ter invocado a tua proteção. Só a Senhora, com o poder de teu Filho, Jesus, pode resolver as coisas difíceis e impossíveis. Amém!

SÉTIMO DIA
Maria, passa à frente dos meus afetos e relacionamentos!

"A maior alegria que podemos dar a Maria Santíssima é a de levarmos Jesus Eucarístico no nosso peito" (Santo Hilário).

1. Oração ao Espírito Santo

Vinde, Espírito Santo! Vinde, por meio da poderosa intercessão do Imaculado Coração de Maria, vossa amadíssima Esposa e nossa Mãe. Amém.

2. Palavra de Deus (Lc 2,22-32)

"Quando se completaram os dias para a purificação da Mãe e do Filho, conforme a lei de Moisés, Maria e

José levaram Jesus a Jerusalém, a fim de apresentá-lo ao Senhor. Conforme está escrito na lei do Senhor: 'Todo primogênito do sexo masculino deve ser consagrado ao Senhor'. Foram também oferecer o sacrifício — um par de rolas ou dois pombinhos — como está ordenado na Lei do Senhor. Em Jerusalém, havia um homem chamado Simeão, o qual era justo e piedoso, e esperava a consolação do povo de Israel. O Espírito Santo estava com ele e lhe havia anunciado que não morreria antes de ver o Messias que vem do Senhor. Movido pelo Espírito, Simeão veio ao Templo. Quando os pais trouxeram o menino Jesus para cumprir o que a Lei ordenava, Simeão tomou o menino nos braços e bendisse a Deus: 'Agora, Senhor, conforme a tua promessa, podes deixar teu servo partir em paz; porque meus olhos viram a tua salvação, que preparaste diante de todos os povos: luz para iluminar as nações e glória do teu povo Israel'".

3. Catequese Mariana

Maria é modelo da Igreja e para os cristãos

"*Por sua adesão total à vontade do Pai, à obra redentora de seu Filho, a cada moção do Espírito Santo, a Virgem Maria é, para a Igreja, o modelo da fé e da caridade. Com isso, ela é 'membro supereminente e absolutamente único da Igreja' (Lumen Gentium, 53), sendo até a 'realização exemplar (typus)' da Igreja (Lumen Gentium, 63)*" *(Catecismo da Igreja Católica, 967).*

4. Iluminando a Vida

Terço na mão e joelho no chão

O primeiro e maior ato missionário acontece na Santíssima Eucaristia! O Santo Sacrifício do Altar atinge toda a humanidade! Que meio de comunicação, bomba ou epidemia seria capaz de tal proeza? A adoração amorosa de Jesus Hóstia Santa prolonga os efeitos da Santa Missa. Na adoração eucarística, podemos ir aos mais longínquos lugares do planeta. Nossos pés e técnicas, por mais bem intencionados, jamais seriam capazes de fazê-lo... No escondimento do Sacrário, podemos mais pelos nossos do que junto deles! Só fica de pé, quem tem a coragem de ficar de joelhos!

      Sei que também é preciso sair de um lugar e ir para o outro. Ir para as terras de missão... Mas há pessoas, na nossa rua ou dentro de nossas casas, mendigando carinho, um par de ouvidos, um sorriso, um olhar... Diante de Jesus, no Santíssimo Sacramento, e com o Terço de Nossa Senhora nas mãos, você pode muito mais do que imagina... Terço na mão e joelho no chão! E coração no Céu...

5. Ladainha "Maria, passa à frente dos meus afetos e relacionamentos!"

Dos meus afetos, **Maria, passa à frente!**

Dos meus amigos e dos meus inimigos, **Maria, passa à frente!**

Da minha sexualidade e afetividade, **Maria, passa à frente!**

Dos meus relacionamentos, **Maria, passa à frente!**

Da maneira como lido com as pessoas, os fatos e acontecimentos, **Maria, passa à frente!**

Para que nossas conversas e afazeres sejam sempre ditados pelos Santos Anjos e nunca por uma corja de anjos maus e decaídos, **Maria, passa à frente!**

Das nossas brincadeiras e trabalhos, lazeres e decisões, **Maria,**

passa à frente!

Para que eu sempre ande no caminho da retidão e da santidade, da pureza e da verdade, **Maria, passa à frente!**

Para que eu sempre ande no caminho da misericórdia, da mansidão e da concórdia, **Maria, passa à frente!**

Para que eu não me dê aos mexericos e fofocas, **Maria, passa à frente!**

Daqueles que me magoaram, traíram e trapaçearam, **Maria, passa à frente!**

Daqueles que falam algo sobre mim, **Maria, passa à frente!**

Daqueles que decidem algo sobre mim, **Maria, passa à frente!**

Daqueles que pensam algo sobre mim, **Maria, passa à frente!**

Para que o olhar arrogante não me veja, **Maria, passa à frente!**

Para que a língua maldizente não me fira, **Maria, passa à frente!**

Para que a mão malvada não me toque, **Maria, passa à frente!**

Para que o passo maldito não cruze o meu caminho, **Maria, passa à frente!**

Para que eu não seja causa de queda para ninguém, **Maria, passa à frente!**

Para que, em mim, tudo esteja ordenado para a glória do Deus Uno e Trino, **Maria, passa à frente!**

6. Oração "Maria, passa à frente!"

Maria, passa à frente e vai abrindo estradas e caminhos. Abrindo portas e portões. Abrindo casas e corações! A Mãe vai à frente, e os filhos protegidos seguem seus passos. Maria, passa à frente e resolve tudo aquilo que somos incapazes de resolver. Mãe, cuida de tudo o que não está ao nosso alcance. Tu tens poder para isso! Mãe, vai acalmando, serenando e tranquilizando os corações. Termina com o ódio, os rancores, as mágoas e as maldições! Tira teus filhos da perdição! Maria, tu és Mãe e também Porteira. Vai abrindo os corações das pessoas e as portas pelo caminho. Maria, eu te peço: passa à frente! Vai conduzindo, ajudando e curando os filhos que necessitam de ti. Ninguém foi decepcionado, depois de ter invocado a tua proteção. Só a Senhora, com o poder de teu Filho, Jesus, pode resolver as coisas difíceis e impossíveis. Amém!

OITAVO DIA
Maria, passa à frente da minha fé!

"Sabemos muito bem que a Virgem Santíssima é a Rainha do Céu e da Terra, mas ela é mais Mãe que Rainha" (Santa Teresinha do Menino Jesus e da Sagrada Face).

1. Oração ao Espírito Santo

Vinde, Espírito Santo! Vinde, por meio da poderosa intercessão do Imaculado Coração de Maria, vossa amadíssima Esposa e nossa Mãe. Amém.

2. Palavra de Deus (Ap 12,1-5.7.10)

"Apareceu em seguida um grande sinal no Céu: uma Mulher revestida do sol, a lua debaixo dos seus pés e na cabeça uma coroa de doze estrelas. Estava grávida e gritava de dores, sentindo as angústias de dar à luz. Depois, apareceu outro sinal no Céu: um grande Dragão vermelho, com sete cabeças e dez chifres, e, nas cabeças, sete coroas. Varria com sua cauda uma terça parte das estrelas do Céu, e as atirou à Terra. Esse Dragão deteve-se diante da Mulher que estava para dar à luz, a fim de que, quando ela desse à luz, lhe devorasse o Filho. Ela deu à luz um Filho, um menino, aquele que deve reger todas as nações pagãs com cetro de ferro. Mas seu Filho foi arrebatado para junto de Deus e do seu trono. Houve uma batalha no Céu. Miguel e seus anjos tiveram de combater o Dragão. Eu ouvi no Céu uma voz forte que dizia: 'Agora chegou a salvação, o poder e a realeza de nosso Deus, assim como a autoridade de seu Cristo, porque foi precipitado o acusador de nossos irmãos, que os acusava, dia e noite, diante do nosso Deus'".

3. Catequese Mariana

A obediência de Maria

"*Como diz Santo Irineu, 'obedecendo, se fez causa de salvação, tanto para si como para todo o gênero humano'. Do mesmo modo, não poucos antigos Padres dizem com ele: 'O nó da desobediência de Eva foi desfeito pela obediência de Maria; o que a virgem Eva ligou pela incredulidade, a Virgem Maria desligou pela fé'. Comparando Maria com Eva, chamam Maria de 'Mãe dos Viventes' e, com frequência, afirmam: 'Veio a morte por Eva, e a vida por Maria' (cf. Lumen Gentium, 56)*" *(Catecismo da Igreja Católica, 494).*

4. Iluminando a Vida

Tudo com Jesus, nada sem Maria!

Quando Maria passa, tudo se desembaraça! Se ela chega, chega a

Misericórdia, o Médico dos médicos, o Pastor e Amigo. Chega Jesus, chega a Resposta! Por isto, tudo com Jesus, nada sem Maria! Tudo, nesta vida, pode ser postergado, deixado para depois. Mas não a salvação! Em matéria de evangelização, não pode haver mais delongas e nem demoras. Este é o Tempo da Misericórdia! É a hora da Igreja, a hora de nos levantarmos quais aguerridos combatentes, membros do Exército de Maria, para evangelizarmos este mundo mau. Avante, Exército de Maria! Este mundo é dos espertos, mas o Céu é dos santos!

5. Ladainha "Maria, passa à frente da minha fé!"

Da minha fé, **Maria, passa à frente!**

Para que eu tenha uma fé viva e nova, carismática e comprometida com os irmãos, **Maria, passa à frente!**

A fim de que seja reinflamado o dom de Deus em minha alma, **Maria, passa à frente!**

Para que Jesus seja o Senhor da minha vida, **Maria, passa à frente!**

Para que minha caridade cubra uma multidão de pecados, **Maria, passa à frente!**

Do meu Pentecostes pessoal e cotidiano, **Maria, passa à frente!**

Da minha vida de oração, **Maria, passa à frente!**

Da minha visão espiritual, **Maria, passa à frente!**

Da minha audição espiritual, **Maria, passa à frente!**

Da maneira como eu leio a Bíblia, **Maria, passa à frente!**

Para que eu tenha ouvidos de discípulo e boca de profeta, **Maria, passa à frente!**

Para que eu seja discípulo missionário de Jesus, **Maria, passa à frente!**

Para que a minha fé seja associada às obras, **Maria, passa à frente!**

Para que os homens, vendo as minhas boas obras, glorifiquem o Pai que está nos Céus, **Maria, passa à frente!**

Para que eu tenha profecia no olhar, **Maria, passa à frente!**

Para que eu seja sal da Terra e luz do mundo, **Maria, passa à frente!**

Para que eu seja liberto de toda raiz de pecado, vício e enfermidade, **Maria, passa à frente!**

Para que o Senhor atualize em mim seu poderoso ministério de cura e libertação, **Maria, passa à frente!**

Quando eu tiver vontade de abandonar tudo e todos, **Maria, passa à frente!**

Para que nada cometamos de errado, por desconhecimento ou desobediência à Santa Palavra de Deus e aos demais ensinamentos da Santa Madre Igreja, **Maria, passa à frente!**

6. Oração "Maria, passa à frente!"

Maria, passa à frente e vai abrindo estradas e caminhos. Abrindo portas e portões. Abrindo casas e corações! A Mãe vai à frente, e os filhos protegidos seguem seus passos. Maria, passa à frente e resolve tudo aquilo que somos incapazes de resolver. Mãe, cuida de tudo o que não está ao nosso alcance. Tu tens poder para isso! Mãe, vai acalmando, serenando e tranquilizando os corações. Termina com o ódio, os rancores, as mágoas e as maldições! Tira teus filhos da perdição! Maria, tu és Mãe e também Porteira. Vai abrindo os corações das pessoas e as portas pelo caminho. Maria, eu te peço: passa à frente! Vai conduzindo, ajudando e curando os filhos que necessitam de ti. Ninguém foi decepcionado, depois de ter invocado a tua proteção. Só a Senhora, com o poder de teu Filho, Jesus, pode resolver as coisas difíceis e impossíveis. Amém!

NONO DIA
Maria, passa à frente dos meus impossíveis!

"As orações de Maria junto à Majestade Divina têm mais poder do que as preces e a intercessão de todos os Anjos e Santos do Céu e da Terra" (Santo Agostinho)

1. Oração ao Espírito Santo

Vinde, Espírito Santo! Vinde, por meio da poderosa intercessão do Imaculado Coração de Maria, vossa amadíssima Esposa e nossa Mãe. Amém.

2. Palavra de Deus (Jo 2,1-11)

"Três dias depois, celebravam-se bodas em Caná da Galileia, e achava-se ali a Mãe de Jesus. Também foram convidados Jesus e os seus discípulos. Como viesse a faltar vinho, a Mãe de

Jesus disse-lhe: 'Eles já não têm vinho'. Respondeu-lhe Jesus: 'Mulher, isso compete a nós? Minha hora ainda não chegou'. Disse, então, sua Mãe aos serventes: 'Fazei o que ele vos disser'. Ora, achavam-se ali seis talhas de pedra para as purificações dos judeus, que continham cada qual duas ou três medidas. Jesus ordena-lhes: 'Enchei as talhas de água'. Eles encheram-nas até em cima. Tirai agora, disse-lhes Jesus, e levai ao chefe dos serventes. E levaram. Logo que o chefe dos serventes provou da água tornada vinho, não sabendo de onde era (se bem que o soubessem os serventes, pois tinham tirado a água), chamou o noivo e disse-lhe: 'É costume servir primeiro o vinho bom e, depois, quando os convidados já estão quase embriagados, servir o menos bom. Mas tu guardaste o vinho melhor até agora'. Este foi o primeiro milagre de Jesus; realizou-o em Caná da Galileia. Manifestou a sua glória, e os seus discípulos creram n'Ele".

3. Catequese Mariana

Maria é Mãe de todos nós

"*Mas seu papel, em relação à Igreja e a toda a humanidade, vai ainda mais longe. 'De modo inteiramente singular, pela obediência, fé, esperança e ardente caridade, ela cooperou na Obra do Salvador para a restauração da vida sobrenatural das almas. Por este motivo, ela se tornou, para nós, Mãe na ordem da graça' (Lumen Gentium, 61)" (Catecismo da Igreja Católica, 968).*

4. Iluminando a Vida

No Céu, Maria não pede; no Céu, Maria manda!

Você precisa de alguma graça? Peça à Mãe, que o Filho atende! Se Ele a ouviu para realizar o seu primeiro milagre, não a escutará para o milagre do qual precisamos agora? Nossa prece é de amadores. A de Maria, é profissional! Ela é a Onipotência Suplicante. No Céu, Maria não pede; no Céu, Maria manda!

Amados irmãos, a Virgem Maria está segurando a Mão do Pai, para que ela não caia sobre nós. Deus também se ira. A ira de Deus é santa e é por conta de nossa pouca santidade... Mas, se a Mãe não estivesse segurando a mão divina, e intercedendo por nós, como fazem as boas mães para com seus filhinhos arteiros, quando o pai está fora de casa, trabalhando, o que seria de nós? Nem lembrança de nós haveria mais sobre a face da Terra!

Maria está a todo instante nos dizendo: "Meus filhos, convertam-se! O Pai de vocês está bravo... Ele vai mandar o Filho para separar as ovelhas dos cabritos... Emendem-se! Convertam-se! Ouçam a Mãe de vocês!".

5. Ladainha "Maria, passa à frente dos meus impossíveis!"

Dos meus impossíveis, **Maria, passa à frente!**

Daquilo que eu preciso fazer, **Maria, passa à frente!**

Daquilo que eu não consigo fazer, **Maria, passa à frente!**

Daquilo que eu não gosto, mas preciso fazer, **Maria, passa à frente!**

Daquilo que eu gosto, mas não posso fazer, **Maria, passa à frente!**

Do bem que eu fiz e do bem que eu deixei de fazer, **Maria, passa à frente!**

Das palavras que saem da minha boca, **Maria, passa à frente!**

Das palavras que me chegam aos meus ouvidos, **Maria, passa à frente!**

Das imagens que me chegam

aos meus olhos, **Maria, passa à frente!**

Dos pensamentos que ocupam a minha mente, **Maria, passa à frente!**

Das sensações que tomam o meu corpo, **Maria, passa à frente!**

Dos sentimentos que habitam em meu peito, **Maria, passa à frente!**

Das altas muralhas da minha Jericó, **Maria, passa à frente!**

Dos Golias e gigantes do meu dia a dia, **Maria, passa à frente!**

Dos Mares Vermelhos que eu tenho que atravessar, **Maria, passa à frente!**

Para que eu viva com fé e total confiança no Senhor, **Maria, passa à frente!**

Daquela graça que eu julgo ser muito difícil, impossível ou demorada demais para chegar, **Maria, passa à frente!**

Das portas que eu fechei por conta de meus pecados, **Maria, passa à frente!**

Das portas que têm que ser abertas, **Maria, passa à frente!**

Das portas que têm que ser abertas, onde nem portas e paredes existem, **Maria, passa à frente!**

6. Oração "Maria, passa à frente!"

Maria, passa à frente e vai abrindo estradas e caminhos. Abrindo portas e portões. Abrindo casas e corações! A Mãe vai à frente, e os filhos protegidos seguem seus passos. Maria, passa à frente e resolve tudo aquilo que somos incapazes de resolver. Mãe, cuida de tudo o que não está ao nosso alcance. Tu tens poder para isso! Mãe, vai acalmando, serenando e tranquilizando os corações. Termina com o ódio, os rancores, as mágoas e as maldições! Tira teus filhos da perdição! Maria, tu és Mãe e também Porteira. Vai abrindo os corações das pessoas e as portas pelo caminho. Maria, eu te peço: passa à frente! Vai conduzindo, ajudando e curando os filhos que necessitam de ti. Ninguém foi decepcionado, depois de ter invocado a tua proteção. Só a Senhora, com o poder de teu Filho, Jesus, pode resolver as coisas difíceis e impossíveis. Amém!

Missão Sede Santos
"Sentindo com Cristo e a Igreja"

Fundada em Taubaté, São Paulo, em 2002, pelo Pe. Márlon Múcio C. Silveira, a Missão Sede Santos (MSS) é uma das Novas Comunidades que nasceram na Igreja Católica, após o Concílio Vaticano II.

A partir da Diocese de Taubaté, onde está sediada e inserida, os membros da Comunidade evangelizam pelo tríplice apostolado: a Adoração Perpétua ao Santíssimo Sacramento, as Obras de Misericórdia Corporais e Espirituais, e os Meios de Comunicação.

A Comunidade tem a espiritualidade da Renovação Carismática Católica. Sua patrona é Santa Teresinha do Menino Jesus. São seus baluartes São Francisco das Chagas, São Pedro Julião Eymard e Santa Faustina Kowalska.

Seu carisma é evangelizar através da busca de santidade de vida: "tornar Jesus mais conhecido, amado, seguido e adorado, através da busca pessoal e comunitária de santidade de vida".

A Comunidade se dedica a dar ao mundo a boa notícia: "Jesus está vivo e é o Senhor". O lema da Comunidade é "Sentindo com Cristo e a Igreja".

www.sedesantos.com.br

SECRETARIA DE ESTADO

PRIMEIRA SECÇÃO — ASSUNTOS GERAIS

Vaticano, 30 de outubro de 2019

Reverendo Senhor,

Chegou ao destino desejado as obras de sua autoria «Poderosa Novena Maria, passa à frente» e «Terço da Libertação Maria, passa à frente e pisa na cabeça da serpente», que teve a amabilidade de oferecer ao Santo Padre, em sinal de estima pela sua pessoa e de adesão ao seu Magistério.

Ao agradecer, da parte do Sucessor de Pedro, o gesto de homenagem, posso acrescentar: o Papa Francisco deseja felicidades ao Reverendo Pe. Márlon, e invoca a todos os que lhe são queridos a abundância das graças divinas, a fim de viverem constante e fielmente a condição de cristãos como bons filhos de Deus e da Igreja, ao enviar-lhes uma propiciadora Bênção Apostólica, pedindo que não se esqueçam de rezar por ele.

Aproveito a ocasião para lhe exprimir a minha fraterna estima em Cristo Senhor.

L. Roberto Cona

Mons. L. Roberto Cona

Assessor

Reverendo Senhor
Pe. Márlon MÚCIO
TAUBATÉ (SP)

O autor

Padre Márlon Múcio
nasceu em Carmo da Mata/MG, em 1973. Participa da Renovação Carismática Católica desde 1988. Foi ordenado sacerdote no ano 2000. É o fundador da Comunidade Missão Sede Santos e do hospital Casa de Saúde Nossa Senhora dos Raros, ambos sediados em Taubaté/ SP, onde ele reside.

Pregador internacional da Palavra de Deus e ministro da oração de cura e libertação, Padre Márlon Múcio também é missionário digital, podcaster, radialista e escritor. Autor de 45 livros, que já venderam a incrível marca de 4 milhões de exemplares.* Seu *best-seller* mais conhecido é a "Poderosa Novena Maria, passa à frente!". Padre Márlon está à frente de diversas obras de misericórdia que assistem, hoje, a mais de 9 mil pessoas por dia, em situação de situação de vulnerabilidade social.*

Padre Márlon tem uma doença raríssima e neurodegenerativa chamada Deficiência do Transportador de Riboflavina (RTD) ou Síndrome de Brown- Vialetto-van Laere. No entanto, ele não parou na doença: "Eu tenho uma doença rara, mas ela não tem a mim".

Dados de agosto/2024.

@padremarlonmucio

Missão SEDE SANTOS! EDITORA

LIVROS que salvam VIDAS!

PROMESSAS DOS SAGRADOS CORAÇÕES DE JESUS E DE MARIA PARA VOCÊ
Uma estratégia dos Céus!
Uma devoção carregada de preciosas promessas. A devoção ao Sagrado Coração de Jesus e ao Imaculado Coração de Maria não foi ensinada pelos homens, mas, sim, uma devoção ensinada pelos Céus, aos homens.

Pe. Márlon Múcio
Angelus Editora e Editora Missão Sede Santos

NOVENA EM HONRA DA SANTA GRAVIDEZ DE NOSSA SENHORA
"Vejo que Deus tem suscitado, a partir de Pe. Márlon e Ir. Zélia Garcia, uma geração de homens e mulheres, que aprendem a rezar, a ter metas na vida de oração e a buscar, no tesouro da tradição da Igreja, a vida dos santos, com novenas e devoções" (Pe. Renato G. Andrade).

Pe. Márlon Múcio e Ir. Zélia Garcia Ribeiro
Copiosa Redenção e Editora Missão Sede Santos

ORAÇÕES DE CURA E LIBERTAÇÃO COM MARIA

31 dias de clamores de batalha e louvores de vitória em honra de Maria. Prove do amor de Deus pelas mãos benditas da Sempre Virgem Maria. Um abençoado mês para você! Uma vida nova no Senhor Jesus, por meio de Santa Maria, a Mãe que passa à frente!

Pe. Márlon Múcio
Angelus Editora e
Editora Missão Sede Santos

LADAINHAS MARIA, PASSA À FRENTE!

Troque as suas ladainhas de murmuração por estas ladainhas de bênçãos.

Pe. Márlon Múcio
15,5 x 10,5 - 28 págs.
Editora Missão Sede Santos

TERÇO DA LIBERTAÇÃO MARIA, PASSA À FRENTE E PISA NA CABEÇA DA SERPENTE!

Nossa Senhora
é aquela que passa à frente
e pisa na cabeça da Serpente!
Experimente o socorro de Maria.
Pe. Márlon Múcio
15,5 x 10,5 - 20 págs.
Editora Missão Sede Santos

TERÇO MILAGROSO MARIA, PASSA À FRENTE!

A cada conta deste
Terço Milagroso, Nossa Senhora
ajudará você a dar conta
de lutar por dias melhores!
Pe. Márlon Múcio e
Pe. Luiz Gustavo Sampaio Moreira
15,5 x 10,5 - 20 págs.
Editora Missão Sede Santos

JOVENS, SOIS FORTES!

Um verdadeiro guia para o crescimento humano e espiritual, numa linguagem de fácil entendimento e com direções práticas para que possa aplicar no seu dia. Um itinerário que vai lançar luz sobre seu caminho para que consiga enxergar sua dignidade de filho e filha amada de Deus. Tudo alicerçado pela busca de uma maior intimidade com Deus através da vida de oração.

Pe. Jucemar Maria da Cruz
13 x 18 - 196 págs.
Editora Missão Sede Santos

CARLO ACUTIS - UM INFLUENCER DE DEUS

"Nenhum santo impactou mais a Igreja Católica e o mundo nos últimos tempos do que o Beato Carlo Acutis" (Pe. Márlon Múcio).
Frei Diogo Luís Fuitem
10 x 15 - 168 págs.
Editora Missão Sede Santos

OFÍCIO DA IMACULADA CONCEIÇÃO ILUSTRADO PARA CRIANÇAS

Você verá que oração mais linda é o Ofício da Imaculada Conceição ou Ofício de Nossa Senhora. Você pode rezar o Ofício sempre que quiser e puder, principalmente aos sábados, que é o dia semanal de Nossa Senhora, e nas festas da Virgem Maria.

Van Falcão
Apresentação: Pe. Márlon Múcio
21 x 15 - 48 págs.
Editora Missão Sede Santos

ORAÇÕES AO ESPÍRITO SANTO

O autor compôs e recolheu as mais belas Orações ao Espírito Santo, para que também você viva em novidade de vida, tendo a graça de um Novo Pentecostes, sendo batizado no Espírito Santo.
Pe. Marlon Múcio
10 x 15 - 80 págs.
RCC Brasil e
Editora Missão Sede Santos